Quickborn-Verlag

Paul og Emma

snakker dansk

INDHOLD

Paul

og Emma

Emma har en lille hund.
Den hedder Fjolle.

rød
blå
gul
grøn
sort
brun
grå
orange
lilla
lyserød
PAUL
EMMA

1 - en
2 - to
3 - tre
4 - fire
5 - fem
6 - seks
7 - syv
8 - otte
9 - ni
10 - ti

far
mor
bror
søster
bedstemor
bedstefar
fætter
onkel
tante
kusine
Lilleby skole
Første skoledag
Hjertelig velkon
EMMA

et klatrestativ
et tårn
en skole
en første skole-dags slikpose
en skoletaske
PAUL

et skab
en stol
et bord
en seng
en dør
et par sko
et billede
et komfur
en skål
en kande
WC
HARD ROCK
HARD ROCK

„Kom Emma,
jeg viser dig hvordan jeg bor.“

et løg
appelsiner
gulerødder
Knas
Olie
Spaghetti
MÆLK

Hvad har Paul og Emma købt ind?

en blyant-
spidser
en madkasse
bøger
et penalhus
en limstift
en bærbar pc
en lærer
en hånd-
dukke
en
skoletaske
en saks

mine skolesager
1 3 9 10 6 7
4 2

et billede
en CD-afspiller
en abe
en gris
en lampe
byggeklodser
et brætspil
en dukke
dyr
Snooork
Hvad skal vi lege?

et skrivebord
en sofa
en terning

LEGE UDENFOR

en bænk

et træ

et stykke træ

en plante

en spand

en skovl

et skib

en vippe

en klatreborg

en traktor

Hvor er katten?

et hoved

hår

øjne

en næse

en tunge

en hals

en skulder

en mave

et ben

en fod

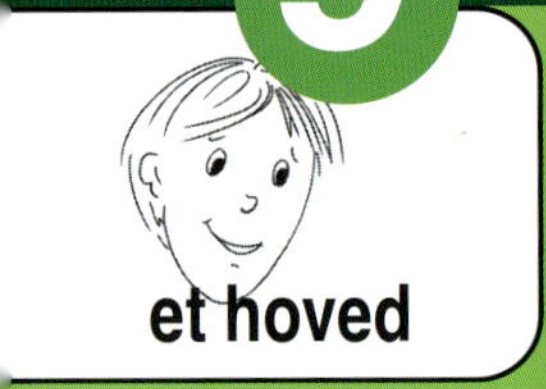

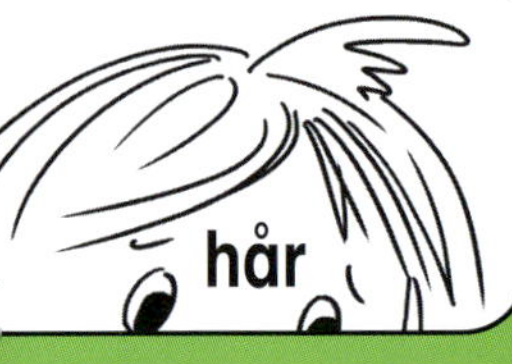

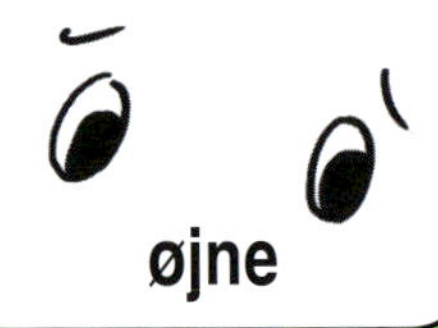

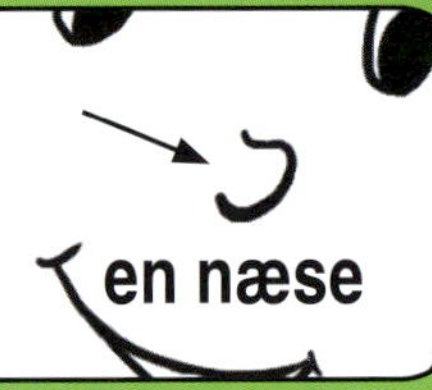

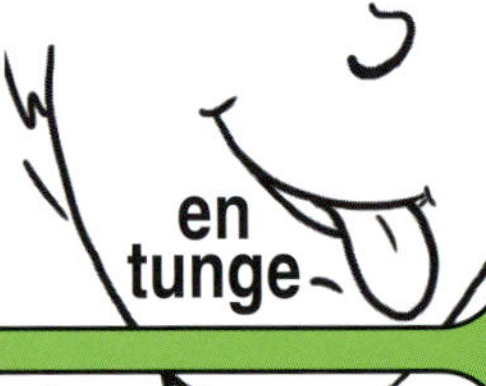

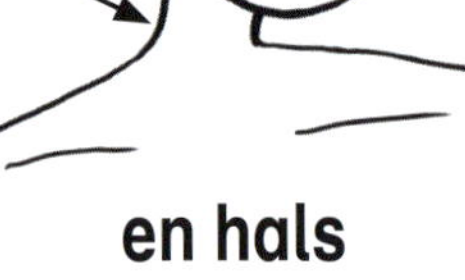

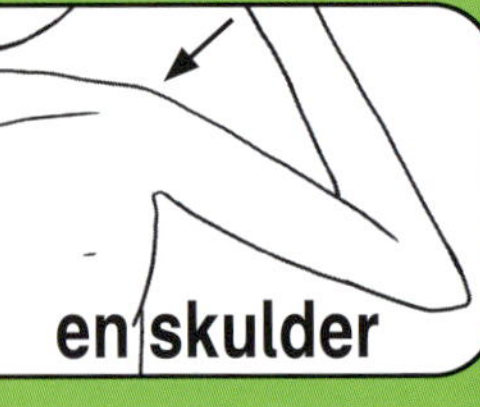

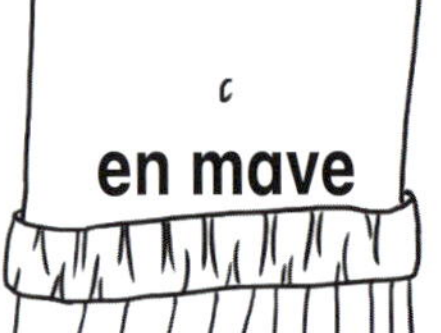

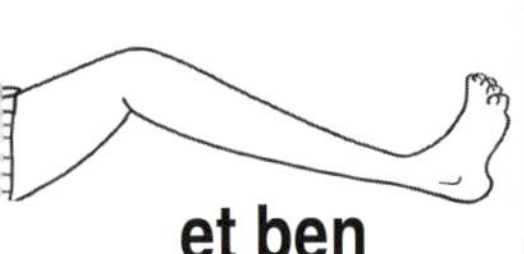

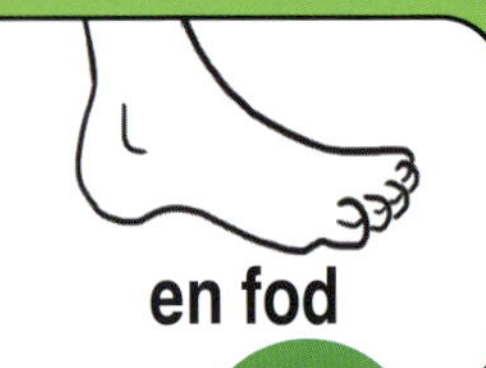

Jeg er ikke
bange for sørøvere!

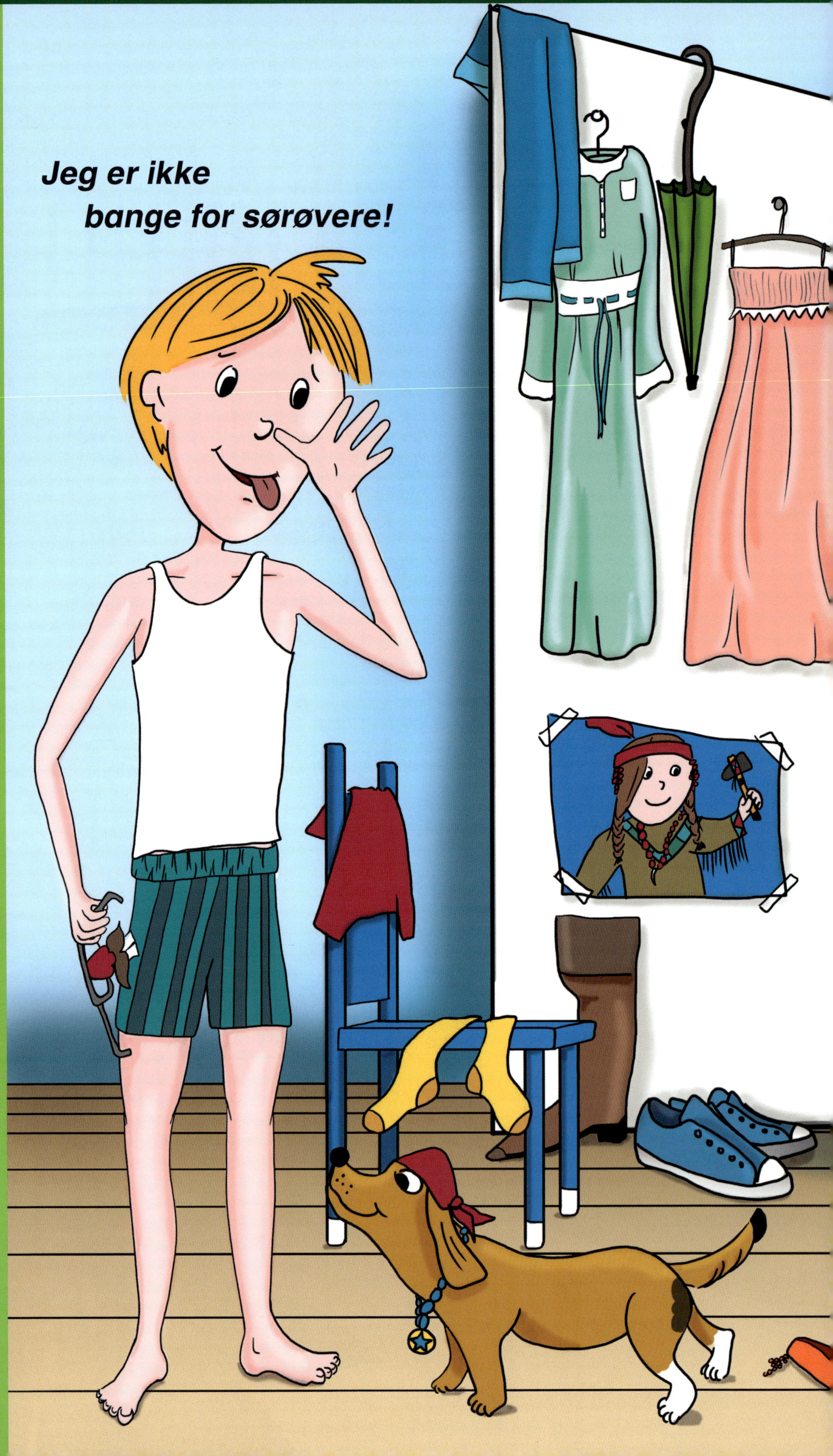

Det er jeg heller ikke!
Jubiiiii
strømper
en kjole
et halstørklæde
underbukser
en hat

10 PÅ BONDEGÅRDEN

et jordbær

kartofler

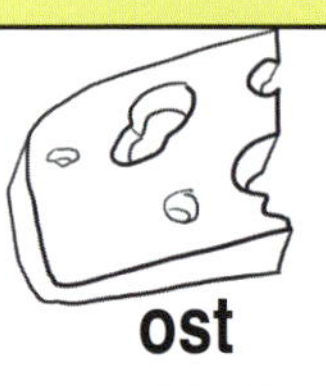
ost

en kasse tomater

en kasse salat

en kasse rødbeder

persille

en skinke

morgenfruer

asparges

Hold godt fast!

GÅRDBUTIK

Dagfriske asparges

Salat

Tomater

Rødbeder

en hane

en ko

en hest

et får

en stork

en vandkande

en halmballe

en mødding

en trillebør

en vandvogn

kvart over
halv
kvart i
klokken
Uaah!
Emma skal stå op.
6:30
7:00
Hun spiser morgenmad.
8:00
3+4
Hun er i skole.
13:00
Hun spiser frokost.
15:00
Hun leger med Fjolle.
18:00
Hun spiser aftensmad.
20:00
Hun ligger i sin seng.
God nat!

mandag
Paul spiller fodbold.
tirsdag
Han besøger bedstemor.
onsdag
Han spiller guitar.
torsdag
Han svømmer.
fredag
De leger sammen.
???
lørdag
Det ved han ikke endnu.
Familien tager på udflugt.
søndag
LB·2018

12 ÅRSTIDER OG VEJRET

et egern

en snemand

et foderbræt

en påskelilje

et badmintonspil

en redekasse

en parasol

kulørte blade

en kurv fuld af æbler

en drage

vinter

januar

februar

december

efterår

november

oktober

september

marts
forår
april
maj
juni
sommer
juli
august
solskin
regn
sne
storm

13 VED HAVET

et sommerhus
et fyrtårn
et skib
to vindmøller
Burgerbar
hotdogs – pølser – is

en måge
en krabbe
en strandskade
en konksnegl
ænder
sejltur til øerne
voksne 10 € / 74 kr.
børn 5 € / 37 kr.
skoleklasser 20 € / 148 kr.
næste afgang: klokken 3
PELLE

en slikkepind

et glas kirsebær

en dåse ærter

syltetøj

HANSENS KØBMANDSHANDEL

HANSEN
Altid friske varer!

HANSEN
Altid friske varer!

økologisk hakkekød
Det smager godt!
26kr.
3,50 €

brun-
svigere

linser

flutes

fransk-
brød

rosin-
brød

rugbrød

rugmels-
boller

horn

wiener-
brød

rund-
stykker

tomme
returflasker

åbningstider
mandag til lørdag fra 8 til 22

en indkøbsvogn

en kasse-assistent

returflasker

pålæg

KED AF DET OG GLAD

glad

forbavset

sur

vred

glæde sig

bedrøvet

ked af det

græde

trøste

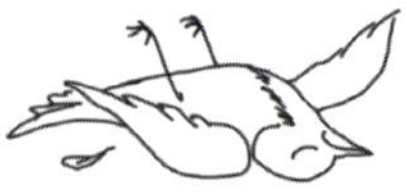

død

LILLEBY FODBOLDKLUB

LILLEBY FODBOLDKLUB

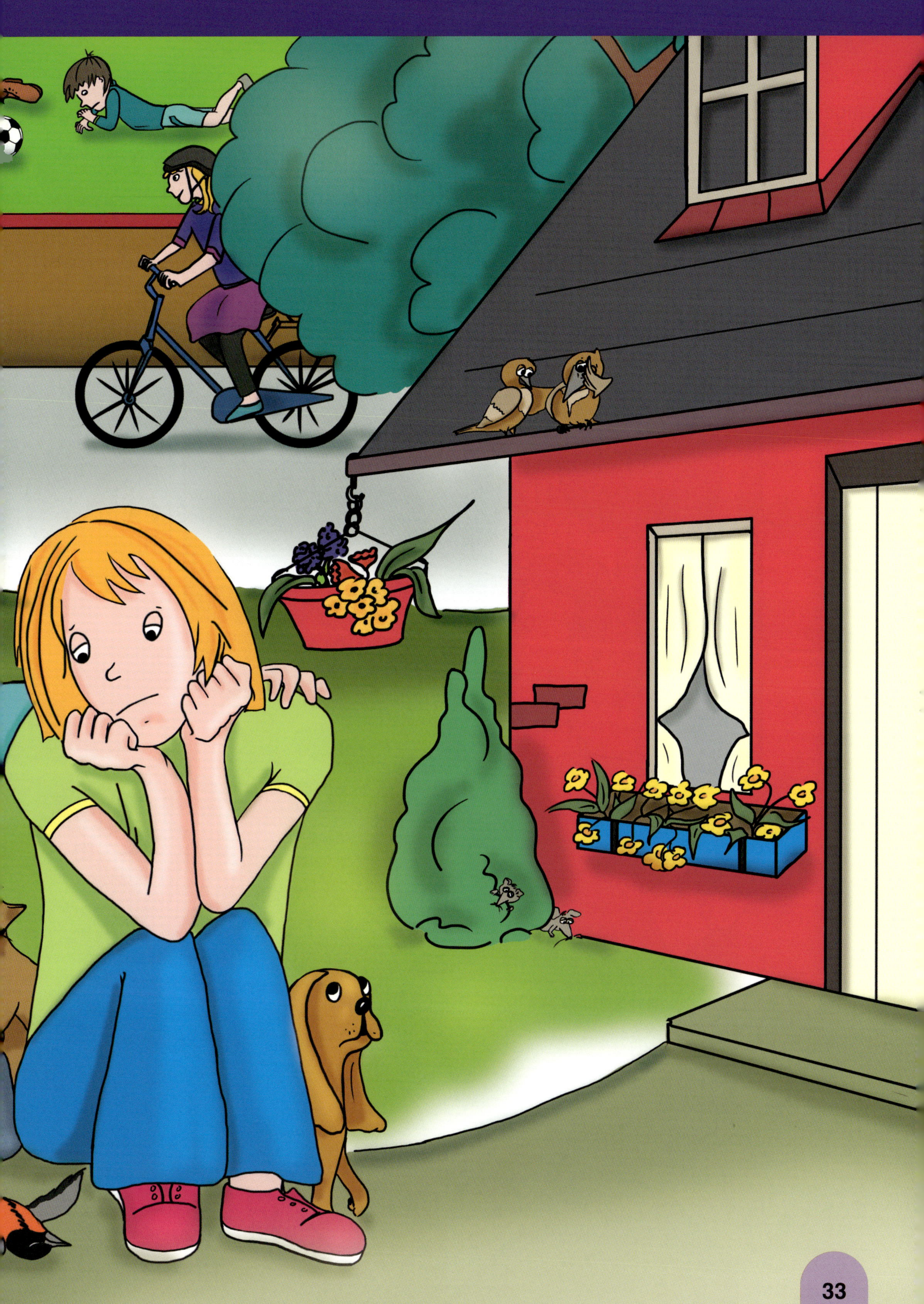

16 FØDSELSDAGSFEST

en (computer) mus
et fjernsyn
en fjern-betjening
en mobil
en støv-suger
en bærbar pc
en tablet
en mus
en kaffe-maskine
et vaffel-jern
UD
1.000
500
100
Jump!
Soltan
BRØDRISTER
BRØDRISTER

ALG - RØVERKØB
>>> VASKEMASKINER >>>
HØRETELEFONER
COMPUTER-SPIL
TERSPIL
Monster Battle
HØJTTALERE
snuser

ANDRE LANDE – ANDRE KULTURER

Hvilke lande
kender du?
1 3 9 10 6 7
4 2 5 8
Asien
Europa
Afrika
Australien
Nord-
amerika
Syd-
amerika

køre på skateboard
spille basketball
klatre
træne judo
spille tennis
spille bordtennis

dyrke gymnastik
danse ballet
ride
dyrke yoga
springe længdespring

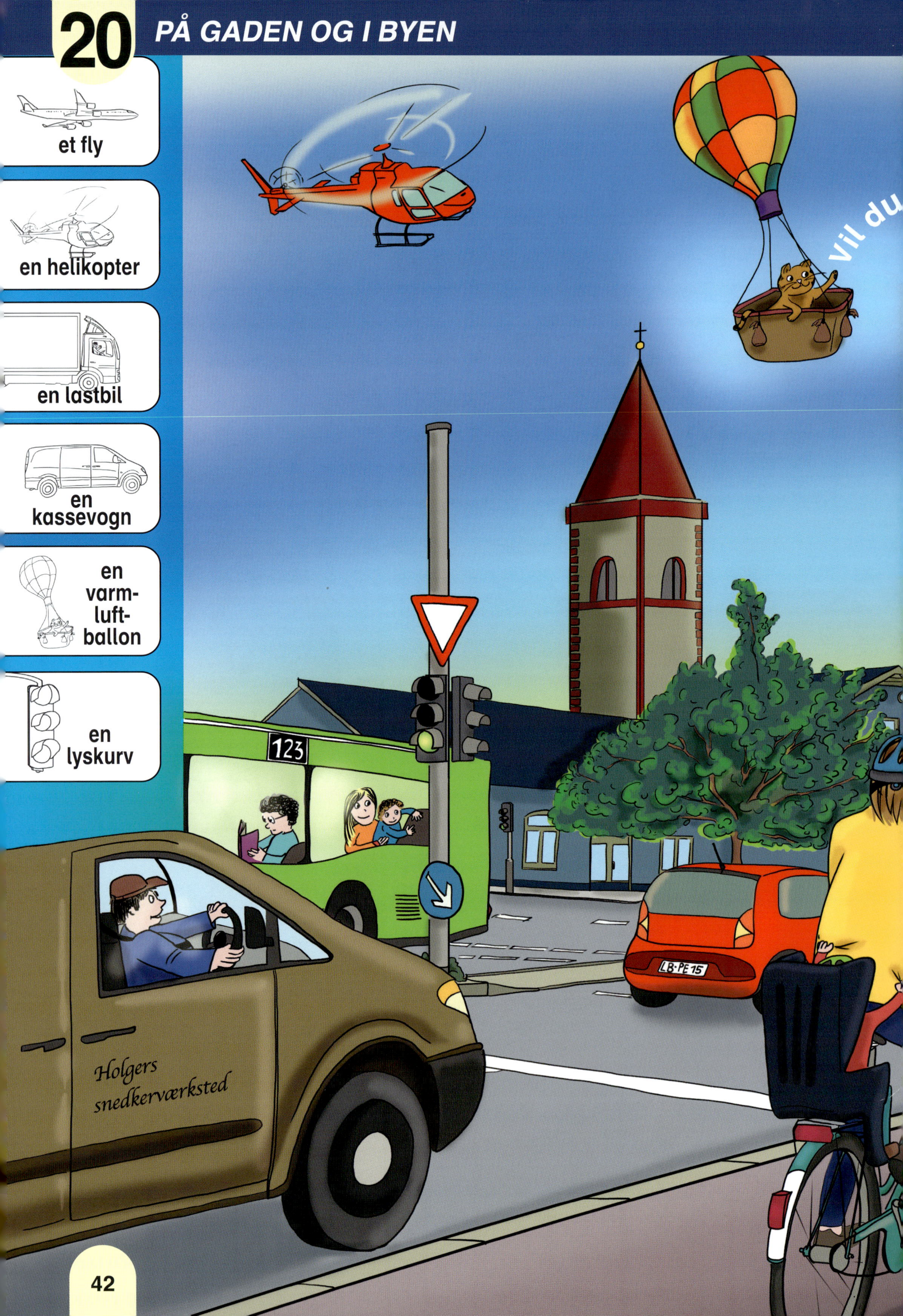
et fly
en helikopter
en lastbil
en kassevogn
en varm-luft-ballon
en lyskurv
Vil du
123
Holgers snedkerværksted
LB·PE 15